Dinâmicas de recreação e jogos

Dados Internacionais de Catalogação na Publicação (CIP)
(Câmara Brasileira do Livro, SP, Brasil)

Fritzen, Silvino José

Dinâmicas de recreação / Silvino José Fritzen. –
33. ed. – Petrópolis, RJ : Vozes, 2014.

ISBN 978-85-326-0153-7

1. Dinâmica de grupo 2. Recreação I. Título.

09-05781 CDD-790

Índices para catálogo sistemático:
1. Recreação   790

SILVINO JOSÉ FRITZEN

Dinâmicas de Recreação e Jogos

Para:
Educadores e pais
Orientadores educacionais
Animadores juvenis
Animadores de recreação
Professores de Educação Física

1ª Reimpressão

EDITORA
VOZES

Petrópolis

© 1985, Editora Vozes Ltda.
Rua Frei Luís, 100
25689-900 Petrópolis, RJ
www.vozes.com.br
Brasil

Diretor editorial
Frei Antônio Moser

Editores
Aline dos Santos Carneiro
José Maria da Silva
Lídio Peretti
Marilac Loraine Oleniki

Secretário executivo
João Batista Kreuch

Projeto gráfico: AG.SR Desenv. Gráfico
Capa: Omar Santos

ISBN 978-85-326-0153-7

Editado conforme o novo acordo ortográfico.

Este livro foi composto e impresso pela Editora Vozes Ltda.

Sumário

Apresentação

A Declaração Universal dos Direitos da Criança declara, entre outras coisas, que a "criança tem direito à recreação". E Harriel Mitchell afirma que "para a criança em idade pré-escolar brincar é a coisa mais séria do mundo, tão necessária ao seu desenvolvimento quanto o alimento e o descanso. É o meio que a criança tem de travar conhecimento com o mundo e adaptar-se ao que a rodeia".

Os próprios pais, diante das exigências de trabalho e ocupações, nem sempre têm condições para atender esta necessidade e este direito da criança, com graves prejuízos para o seu desenvolvimento físico, psíquico e social.

Faltam ainda muitas vezes aos pais, assim como aos educadores, orientadores educacionais, animadores juvenis e de recreação e aos professores de Educação Física, criatividade e tempo para terem instrumentos que ajudem a animação da recreação e o processo de socialização, da desinibição, da convivência com colegas e grupos.

Dinâmicas de recreação e jogos oferece às crianças e adolescentes uma resposta às necessidades lúdicas e jogos como terapia pessoal e grupal.

Dinâmicas de recreação e jogos proporciona momentos de espontaneidade, de liberdade e de diversão sadia.

Dinâmicas de recreação e jogos proporciona aos pais e animadores de recreação, assim como aos professores de educação física, exercícios vários de integração, de socialização, de comunicação, de coordenação de reflexos, já preparados para o exercício funcional e profissional.

A coletânea de *Dinâmicas de recreação e jogos*, que se segue, são exercícios conhecidos, e foram recolhidos através de cursos de Dinâmica de Grupos, de cursos de Vivência Comunitária e aulas de Educação Física, em situação escolar. A tarefa principal foi a de sistematizar a sua apresentação, para facilitar o uso posterior.

O Autor

Dinâmicas de recreação e integração

As chamadas DINÂMICAS DE RECREAÇÃO E INTEGRAÇÃO se encaixam no campo das Relações Humanas e servem para:

- integrar a pessoa no meio social;
- desenvolver o conhecimento mútuo e a participação grupal;
- a busca da convivência com colegas da mesma idade;
- desenvolver ocupação para o tempo ocioso;
- adquirir hábitos de relações interpessoais;
- desinibir e desbloquear;
- desenvolver a comunicação verbal e não verbal;
- descobrir habilidades lúdicas;
- desenvolver adaptação emocional;
- descobrir sistemas de valores;
- dar evasão ao excesso de energia e aumentar a capacidade mental.

Tendo em vista estes objetivos, foram elencados, nas páginas seguintes, vários jogos que facilitam a recreação e a integração.

1. A PROPÓSITO

1. Todos os participantes estão sentados em forma circular.

2. O primeiro jogador começa uma frase que contém dois nomes, concretos ou abstratos. Por exemplo: Durante as minhas férias, irei para a praia.

3. O jogador seguinte continua imediatamente: A propósito de praia, lembro-me de um passeio de barco.

4. O seguinte dirá: A propósito de barco, lembro-me, etc.

5. Quem não souber continuar imediatamente, pagará, no final, uma prenda.

2. O MELHOR TELEGRAMA

1. Todos os jogadores estão sentados em forma circular, com uma folha e lápis na mão.

2. O animador escolhe uma palavra com oito a dez letras. Por exemplo, "JUVENTUDE".

3. Cada letra dessa palavra será, na ordem, a inicial das palavras de um telegrama que todos os participantes devem redigir, pelo espaço de cinco minutos.

4. Assim, com a palavra JUVENTUDE, pode-se, por exemplo, formar o seguinte telegrama: **J**ovem **u**niversitário **v**ela

enquanto nosso trabalho universitário desperta entre eles.

5. Será vencedor o jogador que formular o melhor telegrama.

6. Para dificultar, o animador poderá indicar o tema do telegrama: convite, felicitações, anúncio de formatura, etc.

3. A FRASE CURIOSA

1. Todos os participantes estão sentados em forma circular, com uma folha e lápis na mão.

2. Por ordem do animador, cada qual escreverá um nome, quer o seu próprio, quer um outro nome qualquer.

3. Uma vez escrito, todos devem dobrar a folha para esconder o nome escrito, passando-a para o vizinho da direita.

4. A seguir, todos devem escrever um adjetivo, dobrando novamente a parte para escondê-lo, passando novamente a folha para o seguinte.

5. Em seguida, escreverão um verbo, um advérbio, um nome, um adjetivo, dobrando e passando a folha como a primeira vez.

6. No final todos lerão a sua folha, estabelecendo a sequência necessária, e observarão as frases mais curiosas.

4. A MÁQUINA

1. Todos os participantes permanecem em pé, formando um círculo.

2. O animador solicita que todos construam uma máquina em movimento, usando somente seus próprios corpos.

3. A seguir orienta, dizendo que um dos participantes irá dar início, fazendo movimentos repetitivos, com os braços, um no alto, outro para baixo, ritmando, acompanhando o movimento com um som de boca.

4. Os outros participantes ajuntam-se um a um, procurando imitar os movimentos do colega, como parte da máquina, acrescentando seus próprios movimentos e sons de boca.

5. O exercício continua até que todos tenham-se integrado, imitando os diferentes movimentos e sons.

5. COM QUEM FICA A BOLA?

1. Todos os participantes estão sentados em forma circular.

2. A um momento dado, o animador entrega uma bola ou algum objeto para que um dos participantes a faça circular.

3. A certa altura, o animador dará um sinal para parar a circulação do objeto, e quem estiver com o mesmo deverá dizer dez nomes de pessoas ou de cidades que começam com a mesma letra. Por exemplo, a letra "L", a letra "A", etc.

4. Enquanto disser os dez nomes, o objeto continua circulando de mão em mão, e quem estiver com o mesmo quando termina de dizer os dez nomes, este mesmo deverá dizer outros dez, iniciando com a letra indicada pelo animador.

5. E o jogo continua enquanto houver motivação para o mesmo.

6. O TREM DA ALEGRIA

1. Todos os participantes estão em pé, formando um círculo.

2. No início do jogo, o animador pede que cinco voluntários saiam da sala.

3. Na ausência, o animador irá orientar e explicar o jogo.

4. Todos os participantes formam um cordão e começam a caminhar em forma circular, colocando as mãos no ombro da pessoa da frente, e, enquanto caminham, vão batendo palmas, ritmando.

5. A certa altura, todos param e chama-se um dos ausentes que, ao apresentar-se, deverá responder à seguinte pergunta: Você gosta de brincar? Em caso afirmativo, solicita-se ao mesmo que se ajunte ao grupo no final do cordão e todos os participantes viram-se para a pessoa que se encontra logo atrás, dando-lhe um beijo, até o final do cordão, e o último da fila, em vez de dar um beijo na pessoa que acaba de ajuntar-se, dá um tapinha, no momento em que oferece o rosto para o beijo.

6. Chama-se a seguir o segundo voluntário, e procede-se da mesma forma, até o último dos cinco voluntários.

7. Uma carga elétrica

1. O animador solicita que um voluntário se retire da sala, onde todos estão sentados em forma circular.

2. Na ausência do voluntário, o animador explica que durante o jogo todos devem permanecer em silêncio, e que um do grupo "terá uma carga elétrica".

3. Quando o voluntário colocar sua mão sobre a cabeça do participante "com carga elétrica", todos darão um grito.

4. O ausente é chamado, e o animador lhe dará a seguinte explicação: "Um dos presentes tem uma carga elétrica.

Fique, pois, bem concentrado, e vá tocando cabeça por cabeça dos participantes, para descobrir com quem está a carga elétrica. Assim que encontrar a pessoa, avise".

5. E o jogo se inicia.

8. O semáforo

1. O animador forma duplas, homens e mulheres, entre os participantes, que se colocam em forma circular.

2. Durante todo o tempo do jogo toca uma música. Inicia-se a dança.

3. A certa altura, o animador diz em voz bem alta: "O semáforo está vermelho", e todos devem continuar dançando. Quando o animador disser: "O semáforo está verde", a dança deve parar e a música continua.

4. No momento em que o animador disser: "O semáforo está amarelo", todos os pares devem mudar de parceiro.

5. Quem se enganar, na troca ou nas ordens, sai do jogo.

9. A mensagem de Silva

1. Todos os participantes estão sentados, formando duas colunas, a uns cinco metros de distância uma da outra.

2. O animador lerá, à parte, uma mesma mensagem para os dois participantes que encabeçam as colunas.

3. A mesma mensagem é lida três vezes, e devagar.

4. Os dois jogadores voltam para sua respectiva coluna e retransmitem oralmente a mensagem recebida no ouvido do segundo jogador da fileira, e este para o ouvido do terceiro, e assim por diante.

5. Finalmente, o último de cada fileira deverá entregar por escrito a mensagem recebida.

6. Será vencedor quem por primeiro entregar sua mensagem.

10. O baile da vassoura

1. O animador organiza dois subgrupos de participantes, dez homens e nove mulheres, que ficam sentados, frente a frente, numa distância de uns quatro a cinco metros: dez homens, de um lado, e nove mulheres do outro.

2. A um sinal dado pelo animador, e ao som de uma música, inicia-se o baile no centro da sala, deixando os assentos vazios; quem dos homens ficar sem o seu par deverá dançar com a vassoura, que se encontra também na sala.

3. Durante a dança, o animador retira mais uma cadeira das senhoras e uma do lado dos homens.

4. Quando o animador suspender a música, as mulheres correm para sentar-se; quem ficar sem cadeira sai do jogo, bem como aquele que dançou com a vassoura.

5. O jogo continua até sobrar somente um homem e uma mulher, e a pessoa com a vassoura, que serão aplaudidos pelo grupo.

11. Estender e cruzar os braços

1. Os jogadores estão todos em pé, formando um círculo, atentos às ordens do animador.

2. Todos os participantes devem estar distantes um do outro, para facilitar os movimentos dos braços.

3. A um sinal dado, o animador dirá: "Estender os braços para frente", e os jogadores devem então "cruzar os braços".

4. Quando o animador disser: "Cruzar os braços", todos devem então "estendê-los".

5. No início do jogo as ordens são dadas com mais vagar, e aos poucos mais rapidamente.

6. Quem se enganar três vezes sai do jogo.

12. O encontro fatal

1. Todos os participantes estão sentados, formando um círculo.

2. Por indicação do animador, dois colegas vizinhos escolhem algum objeto.

3. A um sinal dado, cada objeto passa de mão em mão, mas em direção inversa.

4. A certa altura, o animador pede que sejam devolvidos, em direção contrária, os dois objetos.

5. Caso algum dos jogadores ficar com os dois objetos na sua mão, o mesmo é eliminado do jogo.

6. E o jogo continua.

13. Macaco ou dinheiro

1. Todos os participantes estão sentados em forma circular.

2. O animador chama para o centro do círculo um voluntário e lhe pergunta se deseja receber dez reais, mostrando-lhe ao mesmo tempo uma nota de dez reais.

3. Para merecer esta importância o voluntário deverá responder uma quantidade de perguntas, com a resposta "macaco", assim como: Qual é o seu nome? Macaco deverá ser a resposta. Você gosta de estudar? Macaco será novamente a resposta. E assim por diante.

4. Após formular umas cinco a seis perguntas, o animador torna a mostrar novamente a nota de dez reais e pergunta ao voluntário: O que você prefere: uma nota de dez reais ou um macaco? A resposta deverá ser "macaco".

14. Jogo da criatividade

1. Todos os participantes estão sentados em forma circular.

2. O animador coloca no centro do círculo um objeto (toalha, lenço, caneta, livro, papel, varinha, etc.).

3. A seguir convida que participantes do jogo se apresentem no centro para fazer algo com o objeto deitado no chão, não verbalmente e algo não usual.

4. Cabe às pessoas sentadas adivinhar o significado do gesto não verbal feito com o objeto deitado no centro do círculo.

5. Repete-se o exercício enquanto houver motivação para o mesmo.

15. Jogo da toalha

1. Todos os participantes encontram-se sentados em forma circular.

2. O animador, que se encontra no centro do círculo, convoca quatro voluntários para segurarem as quatro pontas de uma toalha.

3. Todas as vezes que o animador der uma ordem, os quatro jogadores que seguram as pontas da toalha devem executar o contrário. Assim, quando disser: "Levantem a toalha, devem abaixá-la", e assim por diante.

4. O jogador que por engano não executar a ordem contrária será substituído.

5. Será vencedor o jogador que ficar mais tempo participando, executando ordens contrárias.

16. Antônio chama João

1. O animador organiza inicialmente um círculo, com todos os participantes.

2. Por indicação do animador, um participante inicia dizendo: "Pedro chama Maria". Esta não dirá: "Maria chama...", mas "Antônio chama Joana".

3. Somente quem encabeça o jogo dirá seu próprio nome em primeiro lugar ao chamar alguém do grupo, porém os seguintes não.

4. O segundo jogador e os seguintes devem antepor o nome "Antônio..."

5. O segredo do jogo consiste em enganar o jogador que encabeça o jogo, ou seja: o primeiro jogador não deve antepor o nome Antônio.

6. O jogador que consegue enganar aquele que encabeça o jogo ocupará o lugar do mesmo para continuar o jogo.

17. O anel

1. Organizam-se no início duas equipes iguais de participantes.

2. As duas equipes são formadas em duas filas, alternando homem com mulher.

3. Cada jogador terá um palito (ou pauzinho) na sua boca.

4. O animador dará um anel para cada jogador que encabeça as duas filas.

5. A um sinal dado o jogador que encabeça as duas filas e com o anel no palito procura passar o anel para o palito do colega seguinte, sem a ajuda das mãos, mas unicamente com a boca.

6. Será vencedora a equipe que terminar por primeiro.

18. As três respostas

1. Um voluntário sai da sala, e na sua ausência preparam-se três perguntas que deverá responder.

2. O animador faz entrar o voluntário, e lhe pede que responda às três perguntas, antes de escutar a sua formulação.

3. Depois que respondeu às três perguntas, o animador ou alguém do grupo formula as três perguntas pré-combinadas.

19. A caça

1. O animador organiza os participantes em círculo, todos sentados, sem espaço vazio.

2. O jogo consiste em contar a caça feita em algum lugar. Todas as vezes que o animador disser que caçou um pássaro, dando mesmo o nome do pássaro (pomba, periquito, papagaio...), todos devem levantar-se e girar sobre si mesmos, retomando a seguir o seu assento.

3. Mas assim que o narrador disser que caçou um animal quadrúpede, todos devem levantar-se e mudar de lugar. Nesse ínterim, e aproveitando a confusão, o animador-narrador procura ocupar um assento, e quem ficar sem cadeira continua a narração, como acima.

20. Proibido dizer sim e não

1. O animador coloca todos os participantes sentados em círculo.

2. A seguir o animador chama um jogador para o centro do círculo, a quem são feitas perguntas que devem ser

respondidas corretamente, e sem empregar as palavras SIM e NÃO.

3. Cada vez que alguém pronunciar "SIM ou NÃO", volta ao círculo e o animador chama outro jogador.

21. Uma história sem fim

1. Todos os participantes estão sentados em forma circular.

2. O animador inicia a narração de uma história, assim por exemplo: O homem para poder sobreviver precisa comer...

3. Quem encabeçar o círculo deverá repetir o que foi dito pelo animador e acrescentar mais uma coisa.

4. E assim sucessivamente os seguintes participantes.

5. Quem não souber continuar sai fora do jogo.

22. Exercício de memória

1. Todos os jogadores estão sentados, possivelmente no chão, em forma circular.

2. O animador indica um primeiro jogador, que sai de seu lugar e toca qualquer objeto da sala e, ao mesmo tempo, diz-lhe o nome.

3. Retorna para o seu lugar e toca no seu vizinho, e este por sua vez irá tocar no objeto que seu colega tocou, diz-lhe o nome e toca um segundo objeto, também dizendo o nome.

4. Volta para seu lugar e toca no seu colega seguinte, que se dirige para o objeto do primeiro colega. Ao tocá-lo diz o nome, toca no objeto do segundo colega, diz o nome e toca um terceiro objeto, dizendo igualmente o nome, e retorna para o seu lugar, continuando assim o jogo.

5. O jogador que se lembrar e tocar o maior número de objetos será vencedor.

23. A correspondência

1. O animador organiza os participantes, ou sentados ou em pé, em forma circular.

2. A certa altura, o animador dirá: "Chegou uma correspon-dência para quem estiver de chinelo... de óculos... de sa-patos pretos... de blusa azul... de calça comprida..."

3. Quem for assim caracterizado, deve mudar imediata-mente de lugar.

24. Números

1. Os participantes se encontram no meio da sala, ou numa área ao ar livre, caminhando desordenadamente, batendo palmas ao mesmo tempo.

2. Em dado momento, o animador dará ordem para parar, formando simultaneamente subgrupos de duas, três

ou cinco pessoas, devendo todos ficar atentos ao número indicado pelo animador.

3. Os jogadores, ao escutar a ordem, formam os subgrupos solicitados, colocando as mãos por cima dos ombros dos colegas.

4. As pessoas que sobrarem, que não conseguiram formar os subgrupos indicados, saem do jogo.

5. Desfazem-se os subgrupos e recomeçam todos a caminhada, batendo palmas, até nova ordem dada pelo animador, e assim sucessivamente.

25. Rir às gargalhadas

1. O animador organiza os participantes em duas filas, com igual número de pessoas, colocadas frente a frente, a uma distância de dois metros.

2. Em dado momento o animador deixará cair, no centro da sala, entre as duas filas de participantes, uma caixa ou lata, que esteja aberta de um lado.

3. Ao iniciar o jogo, o animador indica uma das filas, que deve permanecer séria, e a outra fila deve dar uma estrondosa gargalhada todas as vezes que a caixa ou a lata cair de boca para cima.

4. Quem não ficar sério, quando é para ficar, sai do jogo.

5. O animador procurará mudar suas ordens, uma vez para uma fileira, outra vez para outra fileira.

26. A tempestade

1. Organiza-se um círculo, todos sentados, não devendo sobrar cadeira vazia.

2. O animador se coloca no centro do círculo e diz: "Estamos todos num barco, que se encontra no alto-mar, rumo desconhecido". Quando disser: "Olá a direita", todos deverão mudar de lugar, sentando-se na cadeira de seu vizinho da direita. Quando disser: "Olá à esquerda", todos se sentarão na cadeira do vizinho da esquerda.

3. O animador dará várias ordens, ora para a direita, ora para a esquerda. A certa altura exclamará: "tempestade". Nesse momento todos deverão mudar de lugar, indistintamente, procurando ocupar uma cadeira qualquer.

4. Após uma terceira ou quarta ordem, o animador aproveitará a confusão, ocupando uma das cadeiras, e quem ficar sem assento continuará a coordenação do jogo.

27. Chuva de papéis

1. O animador dará para cada mulher participante do jogo uns 10 a 12 papeizinhos.

2. A seguir, todas as mulheres participantes se colocam de pé sobre a cadeira e os homens permanecem de pé, ao lado da cadeira, procurando abocanhar (somente com a boca e não com as mãos) os papeizinhos que as mulheres deixam cair.

3. Será vencedor aquele que abocanhar maior número de papeizinhos.

28. As frutas estão no balaio

1. Os participantes encontram-se sentados, num círculo.

2. O animador, no meio do círculo, dirige-se indistintamente para alguns dos participantes, aos quais dará o nome de três frutas, ou três vezes o nome da mesma fruta.

3. Por exemplo, dirá para um dos participantes "Pera, pera, pera", e esta pessoa deverá por sua vez dizer o nome da pessoa que está à sua direita.

4. A seguir dirá para outro participante: "Maçã, laranja, melão". Esta pessoa deverá dizer o nome da pessoa que está sentada à sua esquerda.

5. A ordem é dada várias vezes, com pessoas diferentes.

6. Em dado momento o animador dirá: "As frutas estão no balaio". Neste momento todos devem mudar de lugar, e o animador aproveitará o espaço para ocupar uma das cadeiras. Quem ficar sem assento coordenará o jogo.

29. Os três retratos

1. O animador escolhe um voluntário, que sai da sala, onde todos os participantes estão sentados em forma circular.

2. Na ausência do voluntário, os participantes escolhem três retratos imaginários, cada um representando alguma coisa. Por exemplo: uma raposa, uma artista de cinema, um elefante.

3. Ao chamar de volta o voluntário, o animador explica a escolha de três retratos imaginários, sem dizer o que os mesmos representam, e caberá ao voluntário adivinhar o que representa cada retrato.

4. Finalmente, o animador explicará o sentido dos três retratos.

5. O mesmo jogo pode ser feito, mandando três ou quatro voluntários para fora da sala, e os mesmos serão chamados de volta, um após o outro, e somente no final se dirá o significado dos três retratos.

30. Ajuntar as metades

1. O animador organiza antes do jogo um conjunto de avisos, comerciais, fotografias, textos vários, anúncios de jornais ou revistas.

2. Todo este material preparado é cortado pelo meio e colocado em duas caixas separadas, na sala do jogo.

3. A brincadeira se inicia com a orientação do animador, que organiza duas equipes de participantes. Se for um grupo misto, as duas equipes serão uma de homens e a outra de mulheres.

4. Uma das equipes tirará as metades dos conjuntos de uma caixa e a outra, da outra caixa.

5. Em continuação, cada participante procurará encontrar a pessoa que é possuidora da outra metade.

6. Tão logo alguém encontrar seu colega com a parte complementar, ambos se apresentam e dialogam por algum tempo, para depois fazerem a apresentação mútua no plenário.

31. No banco dos réus

1. Um voluntário sai da sala, onde todos estão sentados, em forma circular.

2. Na sua ausência, o animador pergunta a vários por que acham que o voluntário deveria sentar-se no "banco dos réus", uma cadeira preparada no centro do círculo.

3. À medida que os participantes vão respondendo, o animador registra as respostas em alguma folha. Assim, por exemplo: porque usa óculos, porque é inteligente, etc.

4. Ao retornar, o voluntário ocupa a cadeira no centro do círculo, e deverá fazer a mesma pergunta: "Por que estou nesta cadeira"?

5. O animador lê as respostas, e pergunta ao voluntário para adivinhar os autores das respostas.

6. O participante adivinhado será a seguir o voluntário que sai da sala para continuar o jogo.

32. A mensagem telefônica

1. O objetivo do jogo consiste em descobrir as barreiras e interferências da comunicação.

2. O animador organiza duas equipes, com número igual de participantes, dando a seguir a mesma mensagem para ambas as equipes.

3. A mensagem é transmitida secretamente, de ouvido a ouvido, começando pela pessoa que encabeça cada equipe.

4. A última pessoa, de cada equipe, dará publicamente a mensagem recebida.

5. A seguir, o animador pede às pessoas que encabeçam as fileiras que digam a mensagem inicial que receberam, e analisa-se a diferença entre a mensagem inicial e a final.

33. Quem sobrará

1. Os participantes são organizados em duplas, que são distribuídas na sala.
2. Cada dupla se ajunta de costas; um homem ou uma mulher ficará sem formar dupla.
3. A um sinal dado pelo animador todos devem mudar de dupla, e quem estiver sem parceiro ou parceira tratará de conseguir um companheiro do outro sexo.
4. O jogo pode sofrer a seguinte variação: ao sinal dado pelo animador, somente os homens vão em busca e as mulheres permanecerão no seu lugar, ou inverso.

34. Fulano come um pão

1. Todos os participantes estão sentados num círculo.
2. O animador chama o nome de algum dos participantes do jogo. Por exemplo: "Maria", e acrescenta: "Você comeu pão nas ruas de Brasília?"
3. A pessoa, no caso Maria, responde: "Quem? Eu?"
4. Todos os participantes respondem em coro: "Quem então?"
5. No caso, Maria responde: "Foi Francisco" (o nome de algum do grupo).
6. O mesmo dirá: "Daniele, foi você que comeu pão nas ruas de Brasília?"
7. E o jogo continua com o mesmo diálogo, como no item 3, até que todos os nomes foram lembrados.

35. As frutas

1. Os jogadores estão todos sentados, em forma circular.

2. No centro do círculo, colocam-se no chão algumas frutas, tais como: laranjas, limões, caquis, e só uma tangerina.

3. O animador sopra no ouvido de cada participante o nome de uma fruta diferente, mas o nome de uma das frutas, soprará no ouvido de vários participantes.

4. Depois o animador dirá, em voz alta, o nome de uma fruta, e a pessoa com este nome corre em busca da mesma.

5. Finalmente o animador dirá o nome da tangerina, e todos com este nome correrão para buscá-la.

36. O jogo das cadeiras

1. Organizam-se duas filas de cadeiras, com uma cadeira a menos do total dos participantes.

2. As cadeiras são ajuntadas em duas fileiras, encosto com encosto.

3. No início do jogo todos os participantes se encontram sentados e, tão logo o animador iniciar uma música, previamente preparada, todos se levantam e começam a circular em redor das cadeiras.

4. No momento em que o animador cessar a música, todos devem procurar sentar-se, e, quem ficar sem cadeira, deixará o jogo.

5. E o jogo continua, ao som da música, enquanto o animador retira mais uma cadeira.

6. O processo continua até sobrar apenas uma cadeira, e será vencedor aquele que ficar para o final.

37. Contar histórias

1. Todos os participantes estão sentados em forma circular.

2. O animador convida um dos participantes para que comece contando uma história inventada na hora, dando somente a primeira frase.

3. Continuando o círculo, cada participante deve acrescentar uma frase.

4. Cabe ao animador incentivar os participantes para que a história tenha continuidade, como se fosse uma mesma pessoa que contasse a história.

38. O viúvo

1. O animador organiza dois círculos de participantes, um externo e outro interno.

2. O círculo externo é formado por homens e o interno por mulheres.

3. Todos os homens se formam atrás das mulheres, com as mãos para trás.

4. Um homem é colocado no centro do círculo e este não forma par. Ele é o viúvo.

5. Cabe a este "viúvo" observar as "esposas", e piscar os olhos para uma das senhoras, que deverá imediatamente ir ao encontro do "viúvo".

6. O esposo desta "senhora" deverá ficar observando e, quando observar que a "esposa" recebeu uma piscada de olho do viúvo, deverá agarrá-la, não deixando se aproximar do mesmo.

7. O "esposo" que deixar sua "esposa" ir ao encontro do viúvo irá ocupar o lugar do mesmo, e a brincadeira continua.

8. A certa altura podem-se trocar as pessoas; quem for do círculo externo será do interno, e vice-versa, e em vez de viúvo haverá viúva.

39. Os provérbios

1. Todos os participantes estão sentados em forma circular.

2. O animador solicita para que um participante voluntário saia da sala, e na sua ausência explica a dinâmica do jogo. Escolhe-se um provérbio, e cada jogador assume uma palavra deste provérbio. O jogador ausente deverá adivinhar o provérbio, e ao retornar formulará uma pergunta para cada um que participa do jogo, e este deverá responder com a palavra do advérbio que assumiu.

3. Os jogadores são colocados na ordem das palavras do advérbio.

4. Assim, por exemplo, o advérbio seguinte: "Melhor ter um cachorro amigo que um amigo cachorro". Quando o voluntário perguntar para alguém, e, se este assumiu a palavra "amigo", responderá "amigo", e assim por diante.

5. Merece os aplausos o voluntário que acertar o provérbio.

40. O cronômetro

1. Todos os participantes estão em pé, formando um círculo em frente das cadeiras.

2. O animador terá um cronômetro para marcar o tempo.

3. A um sinal dado, o animador avisa que o jogo está valendo, e quando alguém entender que já passou um minuto, poderá sentar-se, e o cronômetro marcará os segundos.

4. Quando o último jogador estiver sentado, o animador fará a leitura dos resultados.

5. Será vencedor aquele ou aqueles que mais se aproximaram dos 60 segundos.

41. Os pombos voam

1. Todos os participantes estão em pé, formando um círculo, diante das cadeiras.

2. A seguir, o animador irá nomear objetos e animais, perguntando se voam. Por exemplo, dirá: O pombo voa? A mesa voa?

3. Todas as vezes que os objetos ou animais nomeados voam, todos devem levantar o braço direito, e se não voam devem permanecer imóveis.

4. Quem errar deve sentar-se, e no final pagar uma prenda.

42. Concurso de nariz

1. Todos os participantes estão sentados em forma circular.

2. Os jogadores terão os olhos vendados, e a seguir o animador lhes fará cheirar dez objetos que deverão ser identificados sem serem tocados. Por exemplo: vinho, flor, queijo, fruta, legume, vinagre, suco de fruta, pimenta, etc.

3. Será vencedor aquele, ou aqueles que souberem identificar o maior número de objetos.

43. A orquestra

1. O animador organiza um círculo com os participantes, que na medida do possível estão sentados.

2. Todos os participantes do jogo devem representar alguma função, sendo para isso orientados pelo animador.

3. Assim, uns devem lavar, outros tocar tambor, outros datilografar, desenhar, bailar, tocar flauta, etc.

4. Sob a orientação do animador, todos, a dado momento, devem exercer a sua função, tocar seu instrumento, e ao mesmo tempo todos cantarão a mesma canção, escolhida previamente.

5. Em dado momento o animador dá um sinal, fazendo ao mesmo tempo algum gesto, como se estivesse tocando um piano, ou coisa semelhante. Neste instante todos devem parar aquilo que estavam fazendo, mas continuar cantando e imitando o gesto do animador. Quem errar mais de 3 vezes sai do jogo, e cumprirá no final um castigo.

44. História viva

1. Todos os participantes estão sentados em forma circular.

2. O animador, antes do jogo, preparou uma história que irá contar, incluindo o nome de todos os participantes.

3. Quando, no decorrer do relato da história, um dos nomes dos participantes for pronunciado, o aluno chamado deve levantar-se, fazer uma reviravolta e sentar de novo.

4. Será vencedor o participante que no final da narração da história for capaz de escrever a mesma, com maior correção e fidelidade.

5. Uma vez escrita a história, um a um, todos irão lê-la em público.

45. Proibido rir

1. O animador coloca todos os jogadores, sentados, formando um círculo.

2. A um sinal dado, um jogador previamente determinado diz ao seu colega da direita: Oi.

3. Este, por sua vez, diz também para o seu colega da direita: "Oi, Oi".

4. E assim por diante, cada jogador irá acrescentar mais um "Oi".

5. No momento em que disser Oi, o jogador deve permanecer sério.

6. Quem sorrir sai do jogo.

7. E o jogo continua enquanto permanece motivação.

46. Formar palavras

1. O animador organiza quatro ou cinco equipes, com número igual de participantes, dependendo da quantidade de participantes.

2. Todos os participantes estão sentados. Na medida do possível, uma equipe separada da outra.

3. A seguir o professor escreverá no quadro-negro ou papelógrafo uma palavra qualquer. Por exemplo: Alegria.

4. As equipes deverão formar outras palavras que tenham algumas letras da palavra acima mencionada, por exemplo: Ala, ria, alegra...

5. O animador estabelece um tempo determinado, dando a seguir um sinal para começar e, esgotado o tempo, para terminar.

6. Será vencedora a equipe ou as equipes que, utilizando apenas as letras inseridas na palavra acima, formaram maior número de palavras adequadas.

47. Quem será?

1. O animador organiza dois subgrupos de participantes.

2. Uma equipe forma um semicírculo, e permanece sentada.

3. A outra equipe sai da sala.

4. A um sinal dado pelo animador, a equipe que está fora da sala envia um de seus membros totalmente coberto por um lençol, para que a equipe que está dentro da sala adivinhe quem é.

5. Tão logo for pronunciado um nome, o jogador tira o lençol para identificar-se.

6. Se o grupo acertou, marca um ponto para ele, caso contrário o ponto fica para o grupo que está fora da sala.

7. A seguir, invertem-se os papéis.

8. O jogador que estiver coberto com o lençol pode usar de todos os recursos para não ser identificado; assim pode trocar os sapatos, andar desajeitado...

9. Para maior facilidade do exercício é importante que os jogadores se conheçam.

48. Como mobiliar a casa

1. Todos os participantes estão sentados em forma circular.

2. O animador orienta o jogo que consiste no seguinte: Um a um devem responder à pergunta seguinte: Como mobiliar a casa? A mobília indicada não deve ter na sua palavra nem a letra "i" e nem a letra "o". Assim, por exemplo: Mesa, tapete, etc.

3. Seguindo a ordem do círculo, cada qual procura responder à pergunta, e quem errar paga no final uma prenda.

49. Não posso viver sem ele

1. Todos os participantes estão sentados em forma circular.

2. O animador dirá que cada participante deverá fazer para o seu vizinho, em voz alta, a seguinte pergunta: "Não posso viver sem ele. Qual é o seu prenome?

3. A resposta do vizinho deverá ser um nome que comece pela letra "E". Assim, por exemplo: Eloísa, Emílio, etc.

4. Seguindo a ordem do círculo, cada qual procura responder à pergunta, e quem errar paga no final uma prenda.

50. Passar a cesta

1. Todos os participantes estão sentados em forma circular.

2. Para este jogo necessita-se de uma cesta vazia, ou caixinha.

3. O jogo começa, cada qual passando a cesta para o vizinho, dizendo: O que queres colocar na cesta? A resposta deve ser algo que rima com "cesta", assim como: testa, besta, etc.

4. O jogador deve responder imediatamente, sem repetir a palavra de seus colegas anteriores, e quem errar pagará, no final, uma prenda.

5. Caso o jogo se realizar com uma caixa, as coisas que nela são colocadas devem rimar com "caixa".

51. Palavras cortadas

1. Todos os participantes estão sentados em forma circular.

2. O jogo começa, após a orientação dada pelo animador, e consiste no seguinte: No começo, um dos participantes, por indicação do animador, chama o nome de ou-

tro participante, e ao mesmo tempo lhe anuncia a sílaba de uma palavra. Assim chama por uma pessoa, por exemplo, Lucas, e lhe dará a sílaba "Jo". Lucas, sem hesitar, deve formar imediatamente uma palavra com a sílaba "jo", que pode ser jovem, jogo, etc.

3. Uma vez formada a palavra, Lucas chama por outra pessoa, indicando a ela também uma sílaba.

4. Quanto mais rápido, mais divertido o jogo.

5. Quem errar, pagará uma prenda.

52. Esta é minha orelha

1. O animador procura ser rápido.

2. Cada vez que o animador toca alguma parte, ou de seu corpo, ou de sua roupa, dirá o nome de outra parte.

3. Os jogadores devem repetir o que o animador disse e assinalar o que o mesmo toca com a mão, assim por exemplo: O animador dirá "esta é a minha orelha, e toca a boca"; ou toca a camisa e dirá "é meu nariz".

4. O jogador que se enganar, ou no dizer ou no tocar, sai do jogo.

53. Perdeu-se o colega

1. O animador organiza duas equipes com igual número de participantes, escolhendo um voluntário, como adivinhador, que deve sair da sala.

2. Durante sua ausência, escolherá dois participantes, um de cada equipe, que serão os "colegas perdidos".

3. O animador manda entrar o "adivinhador", a quem cabe descobrir ou adivinhar quais são os dois "colegas perdidos"; para isso deverá formular diversas perguntas, para ambas as equipes, alternando até adivinhar quais são "os colegas perdidos".

4. Assim, por exemplo, perguntará: "Usa óculos? De que cor é o cabelo? Tem nariz curto ou comprido?..."

5. Se após umas sete a oito perguntas não conseguir adivinhar, troca-se de adivinhador, escolhendo-se um voluntário da outra equipe.

6. Ganha ponto o "adivinhador" e a equipe, se o adivinhador conseguir descobrir "o colega perdido".

54. O jogo do dado

1. O animador, ao iniciar o jogo, apresenta um dado ou uma caixa com quatro lados, explicando que cada lado equivale a um número. Assim teremos então o lado 1, o lado 2, o lado 3 e o lado 4, devendo escrever os números para facilitar o visual.

2. Fica ainda acertado que, ao lançar o dado ou a caixa, todas as vezes que estiver por cima o número "1", todos devem rir; o número "2", todos dançar, o número "3", todos cantar e o número "4", todos ficar sérios.

3. Quem se enganar sai do jogo, e no final os eliminados devem cumprir uma penitência.

55. Um encontro charmoso

1. Todos os participantes estão sentados em forma circular, com lápis e uma folha em branco na mão.

2. O animador solicita aos participantes para que escrevam na parte de cima da folha um elemento de uma história de sua própria invenção.

3. Feito isso, dobrem a folha, para esconder a parte escrita, passando-a para o vizinho da direita, que, sem olhar o que foi escrito, deverá colocar um adjetivo masculino, dobrar novamente, passando para o seguinte participante.

4. O mesmo escreverá um nome próprio masculino, podendo ser o seu próprio ou outro nome próprio qualquer, dobrando a folha, escondendo o escrito, passando para o vizinho.

5. Por sua vez, este escreverá o lugar de encontro (colocando a palavra encontrada no lugar) e o jogo continua, devendo ser complementado com: um adjetivo feminino, um nome próprio feminino, o que o homem disse à senhora, o que a senhora respondeu ao homem e a conclusão da história, procedendo-se sempre da

mesma forma, isto é, escrever a ordem recebida, dobrar a folha e passá-la para o vizinho.

6. No final cada um lerá a história de sua folha.

56. A pequena história

1. Todos os participantes estão sentados em forma circular, com lápis e papel branco na mão.

2. Por solicitação do animador, cada qual começa a contar uma história por escrito escrevendo uma frase no alto da folha e dobrando a mesma, para ocultar a parte escrita, deixando aparecer as últimas palavras, passando a folha para o vizinho da direita.

3. Este participante, aproveitando-se da última parte da frase de seu colega anterior, escreverá outra frase, dobrando novamente a folha, deixando aparecer somente a parte final da frase, e passando-a novamente para o seguinte da fileira.

4. E o jogo prossegue até o animador entender que deve pará-lo, e solicitar a cada qual ler a folha de que está de posse.

57. Um desenho improvisado

1. Este jogo é uma transposição do anterior.

2. Em vez de formar frases, cada jogador inicia um desenho, dobrando a folha, deixando aparecer somente o final do desenho, para que seja continuado pelo vizinho da direita.

3. No final, o animador pede que cada qual mostre sua folha aos colegas, para apreciarem a sua "beleza".

58. Os advérbios

1. Todos os participantes estão sentados em forma circular.

2. A pedido do animador, um participante voluntário sai da sala, e na sua ausência será explicada a dinâmica do jogo, isto é, os jogadores escolhem um advérbio, por exemplo: lentamente, energicamente, etc. Na volta do jogador ausente, este fará uma pergunta para cada participante, que responderá com um tom e gestos que correspondem ao sentido do advérbio escolhido. Cabe ao voluntário adivinhar o nome do advérbio.

3. Cada advérbio adivinhado marcará um ponto.

59. O colega inteligente

1. Para desenvolver a observação, a atenção e a memorização, os jogadores são colocados em círculo, e em pé.

2. O animador orienta os participantes e aponta uma primeira pessoa que deve ir tocar um objeto da sala ou do ambiente no qual se realiza o jogo.

3. A segunda pessoa deve tocar este primeiro objeto e mais um segundo; e uma terceira, assim sucessivamente, sem enganar-se da ordem, começando sempre pelo primeiro.

4. O grupo, no momento em que a pessoa toca os objetos, vai enumerando em voz alta: 1, 2, 3, 4...

5. Evidentemente os jogadores finalistas encontrarão maior dificuldade para lembrar-se da ordem dos objetos.

6. Quem se enganar, errando a ordem, sai do jogo.

60. Cruzar os braços

1. O animador organiza um círculo com todos os participantes que estão em pé.

2. A orientação é de que todos devem estar atentos às ordens que serão dadas.

3. Quando o animador disser "cruzar os braços", todos devem levantá-los, e quando disser "levantar os braços", todos devem cruzá-los.

4. As ordens do animador são dadas, no início devagar, acelerando aos poucos. Quem errar sai do jogo, para no final cumprir o castigo imposto para todos os eliminados.

61. Guardar o ritmo

1. O animador inicia, dando um número para cada participante, devendo todos formar um círculo.

2. O jogo consiste em não perder o ritmo, dando simultaneamente palmadas no ar e nos joelhos, pronunciando
   ao mesmo tempo o número.

3. Os participantes são orientados de que devem dar duas
   palmadas no ar e duas com as mãos, batendo sobre os
   joelhos.

4. Assim, o animador começa dando duas palmadas no ar,
   dizendo o número um, duas vezes: "um, um", se ele for
   o número "um"; logo a seguir dá duas palmadas sobre
   os joelhos, dizendo o número de outro colega: "cinco,
   cinco".

5. Todos os participantes devem guardar o mesmo ritmo
   com as palmadas, e somente aquele que for chamado
   diz seu número: "cinco, cinco", dando as palmadas no
   ar e a seguir as palmadas sobre seus joelhos, dizendo
   ao mesmo tempo o número "sete, sete", por exemplo.

6. Assim continua o jogo, e quem sair do ritmo sai do jogo,
   e todos os eliminados cumprem uma penitência, no final do jogo.

62. Jogo das letras

1. O animador organiza os participantes sentados num círculo.

2. A seguir, explica em que consiste o jogo: Formar o maior número de palavras começando com uma mesma letra num tempo limitado pelo animador.

3. Para começar o jogo, o animador poderá pedir: durante um minuto todos escreverão palavras que iniciam com a letra "A", por exemplo.

4. Após um minuto todos os participantes lerão as palavras escritas, e será vencedor aquele ou, no caso de empate, aqueles que escreveram maior número de palavras num minuto.

5. O jogo continua enquanto tiver motivação para o mesmo.

Exemplo de um jogo com frases e palavras que começam com "F":

Um cearense, chegando ao Rio, entrou num restaurante para almoçar. E, ao falar, suas palavras começavam pela letra "F". E assim começou seu diálogo com a garçonete:

– Faça o favor.

– Que deseja, senhor?

– Fineza fazer frango frito.

– Com quê?

– Farinha, feijão e farofa.

– Aceita pão, meu senhor? Faça fatias.

– (A essa altura a garçonete ficou indignada, mas voltou a falar):

– Mais alguma coisa?

– Filé e fígado. Terminado o almoço a garçonete pergunta:

– O café está bom?

– Frio e fraco.

– Como o senhor gosta?

– Forte e fervido.

– De onde o senhor é?

– Fortaleza.

– Como é o seu nome?

– Francisco Fagundes Ferreira.

– O que o senhor é na vida?

– Fui ferreiro.

– Deixou o emprego?

– Fui forçado.

– Por quê?

– Faltou ferro.

– Que fabricava?

– Ferrolho, ferradura, fechadura e ferragens.

– Se o senhor disser mais seis palavras com a letra "F" não paga.

– Foi formidável, ficando fiado, fico freguês.

63. O jogo do fósforo

1. O animador explica o jogo, que consiste na escolha de uma letra, por exemplo: "P", "M", "R", etc., ou são nomeados cidades, objetos, pessoas, verbos.

2. O jogador acende um palito de fósforo e vai dizendo palavras que iniciam com alguma das letras acima ou outras, ou vai nomeando cidades, objetos, pessoas ou verbos até que se apague o palito de fósforo.

3. O jogador que nomear maior número de palavras que iniciam com algumas das letras acima, ou outras, ou nomear maior número de cidades, objetos, pessoas ou verbos, sem queimar-se os dedos, será o vencedor do jogo.

64. Concurso de cantos

1. Formam-se duas equipes, todos sentados, frente a frente.

2. Em dado momento um participante da equipe "A" entoa um canto, com a palavra que a equipe "B" forneceu.

3. Se a equipe "A" não souber o canto, cabe àquela que forneceu a palavra entoar o canto.

4. Em continuação, invertem-se os papéis.

5. Para a validade do jogo não é necessário cantar todo o canto, sendo suficiente entoar um primeiro verso.

65. Expressão de amizade

1. O animador organiza os participantes sentados em forma circular.

2. Quem inicia o jogo dirá: "Amo o meu amigo (amiga) com "A" porque é atencioso(a). O seguinte deve dizer: "Amo o meu amigo(a) com "B" porque é bondoso", ou qualquer adjetivo que comece pela letra "B".

3. O terceiro começa a frase com a letra "C" e assim sucessivamente.

4. Quem não souber continuar, sai do jogo.

66. Os vencedores

1. O animador organiza subgrupos, e distribuirá para cada equipe um número determinado de mesmos exercícios de matemática ou de linguagem, de conhecimentos gerais, etc., organizados em forma de múltipla escolha.

2. Dado um sinal, todas as equipes começam a resolvê-los, e terminado o tempo previsto, o animador apresenta a chave das questões, para que seja feita a correção grupai, e em público.

3. Serão declaradas vencedoras as equipes que apresentaram maior número de acertos.

67. A bola perigosa

1. Organizam-se duas equipes, uma que forma um círculo bastante grande e aberto, e a outra que se agrupa no centro do círculo.

2. A equipe do lado de fora que forma o círculo atira a bola sobre a equipe agrupada no centro do círculo, procurando tocar os jogadores.

3. Estes, por sua vez, procuram evitar serem tocados pela bola.

4. Quando a bola tocar algum jogador do grupo do centro, da cintura para baixo, este é considerado queimado, e deve sair do jogo.

5. Os jogadores do centro devem sempre devolver a bola para os jogadores do círculo.

6. A bola que bate no chão e rebate, atingindo um jogador, não é tomada em consideração.

68. Capim ou dinheiro

1. Todos os participantes estão sentados em forma circular.

2. O animador, no centro do círculo, convida um participante, que se apresenta.

3. Uma vez no meio do círculo, o animador pergunta ao voluntário se deseja receber uma nota de dez reais, mostrando-lhe ao mesmo tempo a nota.

4. O voluntário deverá, para merecer a nota, responder as perguntas que lhe serão formuladas, pelo animador, com a palavra "capim". Assim, por exemplo: o animador perguntará, entre outras coisas: você gosta do grupo? – A resposta deverá ser "capim".

5. Uma vez esclarecido a dinâmica do jogo, o animador irá formular várias perguntas, e sempre a resposta será "capim".

6. Após formular certo número de perguntas, o animador mostra ao voluntário a nota de dez reais, e lhe pergunta: O que você prefere: uma nota de dez reais ou capim? Evidentemente a resposta deverá ser "capim", e com isso o voluntário deixa de receber a nota de dez reais.

69. Comer um biscoito e assobiar

1. Todos os participantes estão sentados em forma circular.

2. O animador organiza, no centro do círculo, duas fileiras, de dez participantes, sentados, frente a frente.

3. Cada participante sentado numa das cadeiras recebe um biscoito.

4. A um sinal dado pelo animador, o primeiro colocado em cada lado deverá comer o seu biscoito, e tão logo tiver terminado dará um assobio para o vizinho, que imediatamente começa a comer o seu biscoito, e assobiará, por sua vez, para o seu vizinho.

5. A brincadeira continua, e será vencedor o subgrupo que terminar por primeiro a tarefa de comer o biscoito.

70. Perguntas e respostas

1. Todos os participantes estão sentados em forma circular.

2. O animador entrega para cada participante um bilhete com uma das respostas da relação que segue abaixo ou respostas semelhantes.

3. Todos de posse de alguma das respostas, o animador formulará, para cada um dos participantes, uma das perguntas, conforme a lista abaixo, ou semelhantes.

4. A graça consiste em que, entre as perguntas e as respostas, nem sempre há um relacionamento lógico.

Lista de perguntas	Lista de respostas
1. Você é feliz?	1. Na escuridão
2. Você já fugiu de casa?	2. No galinheiro
3. De quem você tem mais medo?	3. No carro
4. Você tem namorada(o)?	4. Na igreja
5. Você tem amigos?	5. Na escola
6. Você se sente amado(a)?	6. A noite
7. Você tem defeitos?	7. Às vezes
8. Você chora?	8. Durante a semana

9. Você é chato em relação com os outros?

9. No final da semana

10. Você é pobre?

10. Na casa de meu amigo

11. Você é rico?

11. Nem sempre

12. Você estuda?

12. Gostaria muito

13. Onde você dorme?

13. Se estiver disposto

14. Você está com fome?

14. Depende do meu estado de espírito

15. Você ronca?

15. No quintal

16. Você faz cara feia?

16. Com entusiasmo

17. Você xinga?

17. Conforme a pessoa

18. Onde você canta?

18. Debaixo da cama

19. Onde você brinca?

19. No paiol

20. Você gosta de carnaval?

20. Depende do lugar.

71. O gato pega o rato

1. Os jogadores formam o círculo, com as mãos enlaçadas; um jogador fica dentro do círculo e representa o "rato", e outro jogador, no lado de fora, é o "gato".

2. Os jogadores facilitam e ajudam o "rato" e dificultam o "gato", levantando e abaixando os braços, impedindo-o em sua perseguição ao "rato".

3. Os jogadores não podem romper o círculo.

4. Se o "gato" conseguir pegar o "rato", outros jogadores ocuparão a vez do "gato" e do "rato".

72. Um gol entre as pernas

1. O animador organiza um círculo de tal maneira que os jogadores ficam com as pernas abertas, pés tocando os dos jogadores vizinhos.

2. Um jogador do centro do círculo joga a bola com a mão, procurando fazer um gol entre as pernas dos jogadores do círculo, e estes se inclinam, dobrando a cintura, procurando defender o espaço entre as pernas, evitando com as mãos que haja gol.

3. Após cada três ou quatro jogadas, o jogador do centro do círculo é substituído, como também, se o jogador que lança a bola consegue fazer um gol, o mesmo que deixou passar a bola irá no lugar do jogador do centro do círculo, e vice-versa.

73. A queda do chapéu

1. Os jogadores são organizados em círculo e enumerados: 1, 2, 3...

2. Um jogador ou o animador se coloca no centro do círculo, segurando um chapéu de palha.

3. A um dado momento chama um número enquanto atira o chapéu para o alto, cabendo ao jogador chamado pelo número correr e procurar apanhar o chapéu, antes que caia ao chão.

4. Se o chapéu cair ao chão o jogador sai do jogo, e a partida continua, com o mesmo jogador no centro.

5. Se o jogador apanhar o chapéu antes de alcançar o chão, caberá a este jogador continuar o jogo.

74. Dois círculos concêntricos

1. Organizam-se dois círculos concêntricos.

2. Os jogadores do círculo interno têm a bola, que a um sinal dado pelo animador é passada, um a um dos jogadores, enquanto um dos jogadores do círculo externo sai do círculo, fazendo a volta do mesmo.

3. Tão logo terminar de fazer a volta, outro jogador, o seguinte do anterior, fará igualmente a volta, enquanto que a bola do círculo interno continua a ser passada.

4. Quando todos os jogadores do círculo externo tiverem feito a volta em redor do mesmo círculo, invertem-se os papéis.

5. A bola ficará com o círculo externo, e os jogadores do círculo interno deverão correr em redor do mesmo.

6. Ganha o jogo a equipe que for capaz de dar mais voltas com a bola, enquanto os outros correm.

75. Futebol entre garrafas

1. Organizam-se, no início, dois times de jogadores, com número igual de participantes, que são alinhados, um atrás do outro, fazendo frente a uma linha de marcação, ficando uma fila uns três a quatro metros da outra.

2. O animador coloca umas oito a dez garrafas, em pé, espalhadas e cruzadas à distância de uns dois metros uma da outra, e uns sete a oito metros em frente de cada fila de jogadores.

3. A um sinal dado pelo animador, o primeiro jogador de cada fila leva a bola com os pés, entre as garrafas, sem derrubá-las; se por acaso derrubar alguma garrafa, deverá recolocá-la de pé, e continuar com a bola, até atravessar todas as garrafas.

4. Quem atravessar, volta com a bola na mão, até o jogador seguinte, a quem cabe continuar o jogo.

5. Vence o time que completar por primeiro o jogo.

76. O salto do canguru

1. Organizam-se duas equipes, com número igual de jogadores, e ambas se colocam por detrás de uma linha de partida, formando fila.

2. Todos os jogadores formam um túnel com as pernas bem abertas.

3. O jogador que encabeça a fila de cada equipe, a um sinal dado, lança a bola pelo "túnel" até alcançar o último jogador, que a recolhe e prende por entre seus joelhos, saltando, procurando entregá-la para o segundo jogador da fila.

4. Este segundo jogador da fila lança a bola novamente pelo "túnel", e o jogo prossegue.

5. Será vencedora a equipe que terminar por primeiro.

77. Os trípedes

1. Organizam-se subgrupos de três jogadores.

2. O jogador do meio se coloca na direção oposta de seus dois colegas, amarrando-se sua perna esquerda com a perna esquerda do colega da esquerda, e a direita com a perna direita do colega da direita.

3. A um sinal dado pelo animador, os subgrupos de três procuram correr assim, até alcançar a linha de marcação, que dista a certa distância, voltando a seguir até a linha de partida. Quem chegar por último perde.

78. O jogo das garrafas

1. Organizam-se duas equipes de jogadores que se colocam em coluna, atrás de uma linha de partida.

2. As duas colunas se colocam à distância de uns três a quatro metros uma da outra, na mesma direção da linha de partida.

3. A uma distância de uns dez metros o animador coloca, na mesma direção das duas colunas, umas oito a dez garrafas vazias, ou caixas, em pé.

4. A um sinal dado, o primeiro jogador de cada coluna corre ao encontro das garrafas ou das caixas, e coloca deitada uma a uma as garrafas ou caixas, e retorna imediatamente para a sua coluna, tocando a mão do segundo jogador da mesma coluna.

5. Este por sua vez corre na direção das garrafas ou das caixas, colocando-as em pé novamente, retornando imediatamente para sua coluna correspondente, batendo na mão do terceiro jogador que continua o jogo.

6. A coluna de jogadores que terminar por primeiro será a vencedora do jogo.

79. A corrida da bolinha

1. Organizam-se duas equipes, com número igual de jogadores, e ambas se colocam por detrás de uma linha de partida, formando fila.

2. A uma distância de cinco a seis metros se marca uma linha de chegada.

3. Cada equipe terá uma raquete e uma bola de pingue-pongue ou bolinha de papel.

4. A um sinal dado, o primeiro jogador de cada equipe movimenta a raquete, procurando empurrar a bola até a linha de chegada.

5. Assim que alcançar a linha de chegada, sem tocar a bola com a mão, levanta a bolinha e corre de volta, entregando a bola e a raquete para o segundo jogador da fila, que recomeça o jogo, e assim sucessivamente até que todos tenham jogado.

6. É vencedora a equipe que terminar por primeiro.

80. Os três cegos

1. Organizam-se filas de seis a sete pessoas, de acordo com o número de participantes.

2. Ao primeiro jogador de cada fila vendam-se os olhos, e o segundo coloca suas mãos por cima do ombro do primeiro, e os seguintes se seguram pela cintura.

3. A um sinal dado, inicia-se a marcha, sendo conduzidos pelo jogador que encabeça a fileira, com os olhos vendados.

4. A meta de cada fila é alcançar a linha de chegada, marcada anteriormente pelo animador.

5. É interessante escutar o diálogo que se estabelece ao serem guiados por um cego.

81. Esconder o objeto

1. O animador procura esconder determinado objeto.

2. Todos os participantes do jogo, a seguir, iniciam a procura do objeto escondido.

3. Todas as vezes que os participantes se aproximam do objeto, o animador diz: "tíbio, tíbio", e todas as vezes que se afastam diz: "frio, frio".

4. Assim que se aproximam bastante, dirá "quente, quente", e se chegarem mais perto ainda, dirá: "está esquentando"; quando encontrarem, diz: "fogo".

5. O mesmo jogo pode ser feito, substituindo um objeto qualquer por um cinto. Quem encontrá-lo correrá atrás dos outros, procurando atingi-los, e estes fogem até um determinado ponto predeterminado.

82. O jogador queimado

1. Um jogador toma a bola, e os outros se distribuem pelo campo ou pátio.

2. O jogador com a bola procura atingir os outros, e todas as vezes que alguém for atingido e deixar a bola cair no chão, este jogador é considerado queimado, e sai do jogo.

3. Quem conseguir pegar a bola, sai em perseguição de outros jogadores.

4. O jogo termina quando todos forem atingidos, ou queimados.

5. Como variação: não é permitido dar mais de três passos com a bola sem atirá-la, ou passá-la para um perseguidor.

6. Este jogo pode realizar-se, organizando duas equipes, na qual cada uma ocupa a metade do espaço do jogo, procurando queimar os jogadores do lado do adversário.

83. O jogo do túnel

1. Organizam-se duas equipes, com número igual de jogadores, e ambas se colocam por detrás de uma linha de partida, formando fila.

2. Todos os jogadores formam um túnel, com as pernas bem abertas.

3. A uma distância de uns oito a dez metros da linha de partida, marca-se a linha de chegada.

4. O primeiro jogador de cada equipe tem uma bola que ele, a um sinal dado pelo animador, empurra pelo túnel até alcançar o último jogador da fila.

5. O último jogador pega a bola e corre até a linha de chegada, retornando imediatamente, para entregar a bola ao segundo jogador da fila, que por sua vez dá continuidade ao jogo, empurrando a bola novamente pelo "túnel".

6. Vencerá a equipe cujo último jogador for o primeiro a voltar para a cabeceira do "túnel".

84. As bolas circulantes

1. Os participantes são divididos em duas equipes, sendo importante assinalar bem quem é de uma equipe e quem é da outra.

2. Os jogadores formam um círculo único, e a um sinal dado, no encontro das duas equipes, o animador solta duas bolas em sentido inverso.

3. As bolas são passadas, de mão em mão, até que cheguem no outro encruzamento das duas equipes.

4. O jogador que receber as duas bolas não pode deixá-las cair, mas devolvê-las novamente em sentido inverso.

5. Ganha pontos quem não deixar cair a bola. Se algum jogador se atrapalhar e deixar cair a bola, perde a equipe à qual pertence o jogador.

85. Cara a cara

1. O animador forma um círculo com os jogadores que formam uma dupla, ou um par, colocando-os frente a frente.

2. O animador ou algum jogador se coloca no centro do círculo, e todas as vezes que disser: "Cara a cara", todos os jogadores do círculo ficam frente a frente.

3. Tão logo o animador disser: "De costas a costas", todos procuram formar a dupla ou o par, colocando-se com as costas juntas.

4. Assim que o animador disser: "todos mudam", os jogadores, incluindo o animador, procuram formar um novo par, ou uma nova dupla.

5. Quem estiver sem par ou sem dupla irá animar o jogo, no centro do círculo.

6. E o jogo continua, até perder a motivação.

86. Jogo de basquetebol

1. Organizam-se duas equipes de jogadores que se colocam, em forma de coluna, na linha central da quadra. Uma coluna frente a um tabuleiro, e outra frente a outro tabuleiro.

2. As duas equipes devem estar formadas com número igual de jogadores.

3. O animador entrega uma bola para cada equipe.

4. Os jogadores se colocam de costas para a cesta, e o último jogador de cada equipe, a um sinal dado pelo animador, começa a passar a bola por cima da cabeça, até alcançar o primeiro jogador, que toma a bola, e procura encestá-la. A seguir retoma a bola e a entrega novamente para o último jogador da fila, que recomeça a passá-la por cima da cabeça.

5. O jogo continua, até que todos tenham encestado, e vence quem das duas equipes terminar por primeiro.

87. O passeio pelo jardim zoológico

1. Todos os participantes estão sentados, formando um grande círculo.

2. O animador coloca, no centro do círculo, duas fileiras de dez cadeiras, frente a frente, a uma distância de uns três metros entre uma fileira e a outra.

3. As cadeiras são ocupadas por participantes voluntários.

4. Em continuação, o animador identifica cada voluntário com os nomes que seguem: O 1º de cada fileira será o Sr. Pereira e a Sra. Pereira, e os seguintes de cada fila ursos brancos, ursos pretos, Joãozinho, Mariazinha, Macacos, Leões, Tigres, Girafas e Guardiões.

5. O animador explicará que irá ler o texto que segue abaixo: PASSEIO AO JARDIM ZOOLÓGICO. Na medida em que nomear os determinados personagens, os mesmos se levantam, de cada lado, correndo ao redor da própria fileira, sentando-se a seguir.

6. O animador fará a leitura, e os personagens devem movimentar-se à medida que forem sendo chamados, e todas as vezes que o nome dos mesmos aparecer.

7. Será vencedora a fileira que terminar por primeiro as voltas em redor da própria fileira, sentando-se.

Passeio ao jardim zoológico

Era um belo dia de abril. O Sr. Pereira disse à sua esposa Sra. Pereira que gostaria de ir ao jardim zoológico. Seria um maravilhoso passeio com as crianças, Joãozinho e Mariazinha. A Sra. Pereira ficou contente pelo convite e logo preparou um gostoso lanche que seria consumido no jardim. Joãozinho e Mariazinha não cabiam em si de alegria e diziam: Que beleza! Vamos ver os ursos brancos e os ursos pretos, os macacos, os leões, os tigres, as girafas. A família Pereira saiu de casa feliz e tomou o ônibus que a levaria ao jardim zoológico.

Ao chegarem, Joãozinho e Mariazinha logo se dirigiram para onde estavam os macacos. Eles gostavam demais das gracinhas que os animais faziam. O Sr. Pereira e a Sra. Pereira gostavam mais dos ursos brancos e pretos. Os animais que causavam medo eram os leões e também os tigres. As girafas pareciam morar com a cabeça no andar superior. Mas o tempo passava depressa e o Sr. Pereira e a Sra. Pereira chamaram Joãozinho e Mariazinha para comerem o lanche. Joãozinho e Mariazinha gostavam de dar pedaços de doces aos macacos e jogavam para eles também amendoim e balas. Mas o guardião correu e admoestou os meninos para não jogarem alguma coisa aos macacos. No entanto, já chegou o pôr do sol e tinham que voltar para casa. O casal Pereira e Joãozinho e Mariazinha e todos os animais, macacos, leões, tigres, girafas, ursos, cumprimentaram também o guardião, pedindo desculpas pelo que aconteceu. E dando o último olhar carinhoso aos macacos, aos leões, aos tigres, às girafas e aos ursos brancos e aos ursos pretos, o Sr. Pereira, a Sra. Pereira, Joãozinho e Mariazinha, deixaram o jardim zoológico e voltaram felizes para casa.

Personagens

Sr. Pereira	Macacos
Sra. Pereira	Leões
Ursos brancos	Tigres
Ursos pretos	Girafas
Joãozinho	Guardião
Mariazinha	

CULTURAL

Administração – Antropologia – Biografias
Comunicação – Dinâmicas e Jogos
Ecologia e Meio Ambiente – Educação e Pedagogia
Filosofia – História – Letras e Literatura
Obras de referência – Política – Psicologia
Saúde e Nutrição – Serviço Social e Trabalho
Sociologia

CATEQUÉTICO PASTORAL

Catequese – Pastoral
Ensino religioso

TEOLÓGICO ESPIRITUAL

Biografias – Devocionários – Espiritualidade e Mística
Espiritualidade Mariana – Franciscanismo
Autoconhecimento – Liturgia – Obras de referência
Sagrada Escritura e Livros Apócrifos – Teologia

REVISTAS

Concilium – Estudos Bíblicos
Grande Sinal
REB – SEDOC

PRODUTOS SAZONAIS

Folhinha do Sagrado Coração de Jesus
Calendário de mesa do Sagrado Coração de Jesus
Agenda do Sagrado Coração de Jesus
Almanaque Santo Antônio – Agendinha
Diário Vozes – Meditações para o dia a dia
Encontro diário com Deus – Guia Litúrgico

VOZES NOBILIS

Uma linha editorial especial, com
importantes autores, alto valor
agregado e qualidade superior.

VOZES DE BOLSO

Obras clássicas de Ciências Humanas
em formato de bolso.

CADASTRE-SE
www.vozes.com.br

EDITORA VOZES LTDA.
Rua Frei Luís, 100 – Centro – Cep 25689-900 – Petrópolis, RJ
Tel.: (24) 2233-9000 – Fax: (24) 2231-4676 – E-mail: vendas@vozes.com.br

UNIDADES NO BRASIL: Belo Horizonte, MG – Brasília, DF – Campinas, SP – Cuiabá, MT
Curitiba, PR – Florianópolis, SC – Fortaleza, CE – Goiânia, GO – Juiz de Fora, MG
Manaus, AM – Petrópolis, RJ – Porto Alegre, RS – Recife, PE – Rio de Janeiro, RJ
Salvador, BA – São Paulo, SP